Lb 41/4522

JEAN-CHARLES-FRANÇOIS **AVED-MAGNAC**, Capitaine des vaisseaux de la République,

Accusé dans les affaires du 29 prairial et 5 messidor dernier,

A SES JUGES ET AUX AMIS DE LA PATRIE.

Pour se justifier on forge des coupables, Les calomniateurs sont les seuls condamnables.

EUSTACHE BRUIX, CAPITAINE DE VAISSEAU, MAJOR-GÉNÉRAL DE L'ARMÉE NAVALE,

A SES CONCITOYENS.

JE ne suis point orateur, je ne suis qu'un véritable marin, qui connoît son état et ses devoirs, sait obéir à ses chefs et servir avec zèle sa patrie. Si donc ceux entre les mains de qui tombera ce petit mémoire, ne le lisent que pour se récréer, qu'ils le jettent au plutôt ; il n'est destiné que pour les amis de la vérité, que pour ceux qui ne se laissent pas prendre à de

DU moment que j'appris que la conduite du citoyen Magnac alloit être examinée par un juri convoqué à cet effet par l'ordre du gouvernement, je sentis plus que jamais tous les désagrémens de la place que j'occupe dans l'armée. Obligé, par les fonctions attribuées à cette place, de paroître dans cette affaire, je me promis bien de garder au fond de mon cœur tout ce qui pourroit tenir à mes opinions personnelles, et de me borner uniquement à présenter au juri le registre des signaux

A

belles phrases, ni prévenir par une réputation trop souvent malheureusement usurpée.

Je suis accusé, par le général Villaret, à deux époques différentes, à celles des journées du 29 prairial et 5 messidor : je vais faire voir que c'est à tort ; et pour qu'on sente mieux la justice de ma cause et la fausseté de l'inculpation, je prends le parti de mettre à mi-marge l'acte de dénonciation et ma réponse. Je diviserai encore en deux parties ; la première sera relative à l'affaire du 29 prairial ; la seconde à la journée du 5 messidor.

que la loi m'oblige de tenir ; et à lui fournir les renseignemens qu'il jugeroit à propos de me demander sur les diverses positions de l'escadre ; mais le pamphlet absurde et calomnieux du capitaine Magnac qu'il vient d'adresser à ses juges ne me laisse plus le maître de suivre mes inclinations naturelles. Je croirois me rendre complice de ses odieuses calomnies, si je gardois plus long-temps le silence sur la malheureuse affaire qui le concerne ; je croirois manquer de respect au public, si je ne le détrompois sur les absurdités contenues dans son pamphlet ; et enfin, je croirois trahir mon pays dans une cause qui intéresse autant sa gloire, si je ne rétablissois la vérité dans toute sa pureté.

C'est donc uniquement pour céder à la voix impérieuse du devoir, que je prends la plume ; et je prie le capitaine Magnac de croire que jamais je ne lui cédai avec autant de répugnance et de douleur, que dans cette circonstance.

Comme je ne suis pas plus orateur que lui : je mettrai à tiers de marge l'acte d'accusation, sa réponse et ma replique, afin que le public sente mieux la justice de la plainte, la fausseté de la réponse et l'évidence de ma replique. Je diviserai, comme lui, en deux parties ; la première sera relative à l'affaire du 29 prairial, et la seconde à la journée du 5 messidor.

AFFAIRE DU 29 PRAIRIAL.

Acte d'accusation.

Dans la journée du 29 prairial, je ne me plains que du capitaine du *Zélé*, qui, ayant engagé l'action, à neuf heures du matin, se retira du feu vingt minutes après l'engagement.

Réponse.

Il m'étonne, et j'ai vraiment lieu de m'étonner, que le général Villaret *veuille bien reconnoître* que dans cette journée j'aie engagé le combat. Bientôt vous allez le voir me faire fuir. Au moins auroit-il dû se concilier avec lui-même.

Oui, j'ai engagé l'action; il y a mieux, c'est que pendant trois quarts d'heure & non pas *vingt minutes*, moi seul j'ai soutenu, à portée de fusil, le feu de trois vaisseaux, dont deux de quatre-vingt canons et un à trois ponts. Les journaux de l'armée en feront foi (1).

Replique.

Le Général se plaint, comme on le voit, dans le texte même de la plainte, que le capitaine du *Zélé*, après avoir combattu pendant vingt minutes, se retira du feu.

Je demande à tout lecteur où est la contradiction, et si le capitaine Magnac seroit le seul lâche connu qui eût pris la fuite après s'être présenté sur le champ de bataille?

Je voudrois que le capitaine Magnac se fût expliqué sur ce qu'il entend par portée de fusil.

Mais, dans tous les cas, rien ne devoit le rassurer davantage sur les suites d'un engagement naval, que les résultats de ses pertes et de ses avaries, après un combat de trois quarts d'heure, contre les trois cinquièmes de la division anglaise; car il est notoire que dans ce fameux combat à portée de fusil, *le Zélé* ne perdit ni mât, ni vergue, ni voile, et n'eût que quatre hommes tués ou blessés. (Les journaux de l'armée et du *Zélé* en feront foi).

Acte d'accusation.

Et manœuvra le reste de la journée pour rester en arrière.

Réponse.

Le seul signal qui ait été fait, étoit celui aux vaisseaux les plus avancés, d'harceler l'ennemi; or, j'ai plus fait, puisque je l'ai attaqué de près, et vigoureusement; et, suivant le général Villaret, j'ai resté de l'arrière!.... Recours aux journaux.

Replique.

Il faut avoir foulé toute pudeur aux pieds, pour oser imprimer que le seul signal qui ait été fait, soit celui aux vaisseaux avancés de harceler l'ennemi, car pas un timonnier n'ignore que, dès le commencement de la chasse, le Général fit signal de poursuivre l'ennemi, de manière à le forcer de se rendre ou de faire côte; que ce signal fut répété le 29 au matin, et qu'il ne fut annullé par aucun autre.

Mais quand ce fait attesté par tous les journaux n'existeroit pas, comment le citoyen Magnac, qui est un *véritable marin*, qui connoît son état et ses devoirs, ne sait-il pas que le signal de harceler l'ennemi est un ordre aux frégates avancées de le canonner en chasse, pour tâcher de le dégréer, et un ordre plus positif encore aux vaisseaux bons voiliers de le combattre, comme fit *le Tigre*.

---

(1) On doit sentir l'impossibilité de donner ici l'extrait des journaux de l'armée; il suffit de prévenir le lecteur qu'ils sont aux mains du juri. Au surplus, on maintient la vérité des allégations avancées.

Acte d'accusation.	Réponse.	Réplique.
Quoiqu'il n'eût éprouvé aucune avarie majeure.	A dix heures, voyant que j'allois doubler seul le vaisseau à trois ponts, qui déja m'incommodoit beaucoup, je diminuai de voiles. De plus, l'état de mon grément me donnoit de l'inquiétude sur la solidité de mes mâts et vergues de misaine, et mon grand mât de hune. (*Pièce justificative*, n.° I.er).	Pourquoi le citoyen Magnac ne répond il pas à l'assertion du Général? C'est qu'en effet il n'a nulle réponse fondée à faire; car les inquiétudes du capitaine sur la solidité de ses mâts et vergues, ne sont pas des avaries majeures; au surplus, je me réfère comme lui à sa pièce justificative n.° I.er, pour prouver à tout lecteur marin que sa mâture n'avoit nullement souffert.
Et qu'il n'eût eu que cinq hommes hors de combat.	Ce fait est faux; j'avois alors cent quatre-vingt-quinze hommes hors de combat, y compris trente hommes qui me manquoient; ce n'est donc qu'une petite erreur de *cent quatre - vingt - dix hommes*. (Pièce justificative, n.° 2). J'observe encore que depuis le 13 floréal que le vaisseau *le Zélé* étoit à la mer, jusqu'au 29 prairial, par conséquent après quarante-six jours de mer, l'équipage se trouvoit extrêmement fatigué, non-seulement par les retranchemens qu'il avoit éprouvé pendant cette croisière, mais même avant sa sortie de Brest. Je suis d'autant plus étonné de cette inculpation, qu'à cette époque le général Villaret avoit dû être instruit par le général Vence, qui venoit de le rallier, de la situation déplorable des vaisseaux composant sa division. (*Voyez l'état effectif des hommes en état de combattre et de manœuvrer. n.° 3*).	Le citoyen Magnac feint de ne pas entendre cette expression, *et qu'il n'eût eu*, qui ne veut dire autre chose, sinon qu'il n'a eu que cinq hommes mis hors de combat pendant la durée de l'action. Le Général n'a jamais dit que l'équipage du *Zélé* fut au complet; mais il savoit qu'il y avoit au moins cinq cents hommes en état de combattre, que conséquemment toutes les batteries pouvoient être armées, et il comptoit, par l'opinion que je lui avois imprudemment donnée du capitaine Magnac, que quand même il n'eût pu armer que sa première batterie, il n'eût pas hésité de combattre, jusqu'à la dernière extrémité, un ennemi qui fuyoit, et dont la seule chance heureuse étoit de se faire abandonner, comme d'abandonner étoit la seule chance à redouter pour le citoyen Magnac. J'ai dit qu'il y avoit au moins cinq cents hommes en état de combattre. Lecteur, voyez ci-après n.° I.er, l'état de la situation du *Zélé*, signé du sous-chef et du lieutenant en pied, et vous y verrez qu'il restoit, à ce vaisseau, *cinq cents seize hommes exempts de toutes maladies*.
Je me plains de ce qu'il laissa combattre *le Tigre et les Droits-de-l'Homme* seuls, restant (quoiqu'il eût le meilleur voilier de l'armée) tranquille spectateur du combat, mettant son perroquet de fougue sur le mât, dès le moment où il appercevoit que les boulets de l'ennemi l'approchoient.	Le général Villaret se trompe encore sur ce point, ou il est de mauvaise-foi. Voici, au vrai, ce qui a eu lieu dans ce moment de la journée du 29 prairial. Comme je l'ai déja dit, il y a mieux, comme je l'ai prouvé, à cette époque mon équipage étoit singulièrement foible, et j'avois reçu beaucoup d'avaries dans mes manœuvres.	Quoi, citoyen Magnac, il n'est pas vrai que vous ayez laissé combattre *le Tigre* seul, depuis dix heures et demie jusqu'à quatre heures de l'après-midi, et ensuite *les Droits-de-l'Homme* jusqu'à six heures et demie? Vous avez donc retourné au feu, citoyen Magnac? Tâchez de prouver cela, car alors je dirai, avec vous, que le Général est de mauvaise-foi; mais puisque vous convenez vous - même que vous n'avez pas recommencé le combat, puisque vous ne pouvez nier que vous n'eussiez le meilleur voilier de l'escadre, puisque vos amis même conviennent que vous avez eu le perroquet de fougue sur le mât, il faut nécessairement conclure que le Général ne s'est pas trompé, et qu'il ne peut y avoir de mauvaise-foi à dire les choses telles qu'elles sont. Ne pouvant détruire l'assertion du Général, vous faites une longue tirade sur les motifs de votre retraite; et certes, ce n'est

Acte d'accusation.	Réponse.	Réplique.
		pas pour des marins que vous avez écrit; quoi qu'il en soit, je vous observe
		Que ce n'est pas par votre dégrément que vous vous êtes retiré du feu, puisque pour y réussir vous avez été obligé de carguer vos basses voiles et de mettre sur le mât;
	L'état dans lequel je me trouvois, ne me permettoit donc plus de tenir la tête de l'armée, encore moins de rester seul sous le feu de trois vaisseaux.	Qu'en supposant que vous ne fussiez pas en état de reprendre la tête, ce n'étoit pas une raison pour ne plus combattre du tout; qu'étant maître de vous choisir un chef de file, puisqu'il en falloit absolument un, vous pouviez, d'un coup de barre, vous mettre dans les eaux du *Tigre*, et joindre vos efforts aux siens pour arrêter l'ennemi qui fuyoit;
	Je n'avois d'ailleurs reçu, comme les autres vaisseaux de l'armée, que le signal de harceler l'ennemi (je me plais à le rappeller, cette circonstance étant très-essentielle), je diminuai donc de voiles, tant pour attendre du renfort que pour me réparer. Je ne tardai pas à être rejoint par les vaisseaux *le Tigre*, *les Droits-de-l'Homme* et *le Formidable*, tous trois en bon état, n'étant sortis de Brest que depuis huit à dix jours; ils prirent la tête de l'armée.	Que vous êtes de mauvaise-foi, ou que vous êtes le plus stupide des hommes, quand vous dites que vous n'aviez reçu, comme les autres vaisseaux de l'armée, que le signal de harceler (*et je me plais à vous le rappeller, cette circonstance étant très-essentielle*); fût-il vrai que l'on ne vous eût fait que le signal de harceler, vous ne deviez pas, avec la meilleure frégate de l'armée, puisqu'il vous plaît de considérer *le Zélé* comme tel, vous assigner, de votre propre autorité, un poste derrière un vaisseau qui ne put joindre, quelqu'effort qu'il fît. Votre poste, comme harceleur, étoit à demi-portée de canon dans la hanche, ou dans les eaux du serre-file ennemi;
	Je m'occupai alors à me réparer, et dès que le plus nécessaire fut fait, je me remis en ligne derrière eux, beaupré sur poupe, pour reprendre le combat.	Qu'il n'a jamais été question de ligne dans la journée du 29; que les signaux du Général prescrivoient, au contraire, de chasser sans ordre, afin de laisser aux bons voiliers la faculté de joindre plus promptement l'ennemi.
		Convenez donc, citoyen Magnac, que cette idée de vous former en ligne dans les eaux d'un mauvais voilier, vous appartient toute entière, et qu'elle vous est venue fort à propos pour vous dispenser de rengager le combat.
		Vous convenez que vous ne tardâtes guère à être rejoint par les vaisseaux *le Tigre*, *les Droits-de-l'Homme* et *le Formidable*. Cet aveu prouve, plus que tout ce que je pourrois dire, que *le Zélé* eut grand tort de se retirer du feu, et qu'il en eut un plus grand encore de ne pas y retourner avec *le Tigre*, ou du moins peu de temps après ce vaisseau.
	Dans cette position, je fis, pendant deux heures, différentes oloffées pour présenter le travers à l'ennemi, afin de lui envoyer ma bordée.	Des oloffées, citoyen Magnac! c'est justement ce que vous reproche le Général, quand il se plaint que vous avez constamment manœuvré pour rester en arrière. C'étoit des arrivées qu'il falloit faire, citoyen Magnac, des arrivées.

Acte d'accusation.	Réponse.	Replique.
	Mais *le Formidable*, qui étoit mon chef de file, me couvroit trop l'ennemi, pour exécuter ce projet.	Pourquoi *le Formidable* étoit-il votre chef de file ; et puisque vous avouez qu'il vous couvroit l'ennemi, pourquoi ne changiez-vous pas de position ? Permettez-moi de vous le dire ; d'ailleurs votre impudence m'en fait un devoir, c'est que *le Formidable*, en *vous couvrant* l'ennemi, vous couvroit à l'ennemi.
	Le Jean-Bart nous rallia quelque temps après ; je résolus dès-lors d'abandonner la position dans laquelle, depuis deux heures, je travaillai, sans pouvoir détacher un boulet.	*Le Jean-Bart* vous rallia quelque temps après. Comme cela est vague ! depuis dix heures du matin vous étiez hors du feu ; le *Jean-Bart*, à la faveur de votre perroquet de fougue sur le mât, de vos bonnettes amenées, vous rallia à six heures du soir, et vous osez vous servir de cette expression, *peu de temps après !* en vérité, citoyen Magnac, je croyois que le temps vous avoit paru plus long. Au surplus, que vous dit le capitaine du *Jean-Bart*, et que lui répondites-vous ? (*v. la note B.*)
	Soutenu par ce vaisseau, et de concert avec lui, e me mis donc en mesure de doubler l'ennemi au vent ; et, en forçant de voile, je ne tardai pas, le vent fraîchissant, à me trouver par le travers de son premier vaisseau, et à occuper de nouveau la tête de la colonne du vent.	En effet, les vents en fraîchissant ayant successivement arriéré de trois quarts, le citoyen Magnac tint le vent, au lieu de larguer avec des bonnettes sur les ennemis, comme il auroit dû faire ; par ce mouvement il doubla nécessairement au vent *le Formidable*, qui étoit de l'avant à lui, et devoit, par la même raison, relever les ennemis par son travers sous le vent. L'aveu qu'il fait de ces positions respectives prouve évidemment qu'il attendoit la nuit pour attaquer, se trouvant par le travers du premier vaisseau ; car s'il eût voulu combattre de jour, au lieu de courir sur une ligne parallèle à la route des ennemis, il eût porté quatre quarts plus largue, et bientôt il eût engagé l'action d'aussi près qu'il eût voulu.
	Les vaisseaux *le Tigre* et *les Droits-de-l'Homme*, formoient alors, avec la frégate *la Virginie*, une colonne sous le vent ; *le Fougueux* les suivoit de près : nous étions dans cette position heureuse ; l'ennemi étoit cerné ; officiers, soldats et matelots, tous regardoient la victoire assurée et complette ; la joie étoit générale.	J'observe d'abord que *le Tigre* étoit hors d'état de pouvoir joindre, attendu la manière dont son grément avoit été haché pendant une action qui a duré cinq heures pour lui, et que de plus ce vaisseau avoit signalé des avaries dans son grand mât de hune. J'observe que *les Droits-de-l'Homme* étoit fort dégréé, et qu'il avoit des avaries dans son mât d'artimon : mais, au surplus, je soutiens et j'en atteste les journaux et relèvemens de ces vaisseaux même, qu'ils étoient avant le changement de vent, dans les eaux des ennemis, et que les vents ayant adonné, ils se trouvèrent nécessairement au vent à eux. Je le répète : il est aisé de sentir que ce n'est pas pour des marins que le citoyen Magnac a fait son libelle. Car dans ce cas,

Acte d'accusation.	Réponse.	Replique.
		à l'appui de son assertion, il eût produit des relèvemens au moyen desquels l'homme du métier auroit pu s'assurer si effectivement nous avions une ligne sous le vent des ennemis, et s'ils étoient cernés comme ledit le citoyen Magnac.
	Mais un maudit signal de ralliement général & absolu, se laisse appercevoir : à cet ordre, aussi inattendu que singulier, chacun se regarde, demande s'il est encore une fois trahi !..... On ne voit plus sur les figures cette joie qu'inspire le courage ; le désespoir seul y étoit peint : cependant l'ordre fatal est donné, et il faut obéir, et il faut lâcher une proie certaine. Plaignez-moi, général Villaret, plaignez-moi, si je vous dis des vérités aussi dures pour vous, c'est en me faisant violence : croyez que j'abhorre la dénonciation, comme je méprise le calomniateur; croyez que je ne parle de cette affaire que parce que les circonstances m'y forcent, et que l'intérêt de mon pays l'exige. Oui, c'est à l'exécution seule de votre ordre de ralliement, que l'on doit l'évasion de la division anglaise ; sans cela elle étoit à nous. A votre fatal signal, j'étois à la portée du canon d'elle ; le vent étoit devenu frais ; dans deux minutes j'allois être dessus ; et dans le moment le plus propice, il vous a plu de nous casser bras et jambes. J'en appelle à témoignage toute l'armée et les journaux.	Pour cette fois il dit vrai : *un maudit signal de ralliement général et absolu* fut hissé, à sept heures et demie du soir, à bord de *la Fraternité* ; mais s'en suit-il que, sans ce signal, la division anglaise alloit être prise ? C'est ce que je vais soumettre au jugement du public. Et quand bien même il prononceroit pour l'affirmative, il n'en résulteroit pas moins que le citoyen Magnac a mérité, depuis dix heures du matin jusqu'à sept heures et demie du soir, les reproches que le Général lui fait sur sa conduite, le 29 prairial. Mais venons aux motifs qui ont déterminé à lever la chasse. 1.º Un arrêté du comité de salut public défendoit au Général de perdre la terre de vue ; et dans la chasse de trente-deux heures qu'il donna à la division anglaise, il ne se décida à quitter la côte, contre ses instructions, que parce qu'il jugea, dès le soir du 28, à la supériorité de marche du *Zélé* et des *Droits-de-l'Homme* sur l'ennemi, que ces deux vaisseaux le joindroient au point du jour, et en dégréroient probablement quelques-uns, de manière à pouvoir les faire joindre par notre escadre. 2.º Il étoit prévenu, par des rapports officiels, que seize vaisseaux ennemis avoient paru dans le S. O. de Belle-isle, à l'époque même où la division des cinq tenoit le contre-amiral Vence bloqué dans la rade du Palais. Le matin du 29, un rapport, à l'appui des autres, lui fut fait par la frégate *la Cocarde* (*v. la note 3*). Mais comme il le dit lui-même en ma présence, au Représentant du peuple, il aima mieux courir les risques de porter sa tête sur l'échaffaud, en contrevenant à ses instructions et en fermant les yeux sur les dangers de sa position, que de laisser échapper une occasion qui lui paroissoit si belle de conduire quelques vaisseaux anglais dans nos ports. En effet, il continua la chasse. Son premier signal, le 29 au matin, fut l'ordre à toute l'armée de forcer de voiles; celui d'attaquer l'ennemi, de manière à le forcer de se rendre, fut répété ; celui de harceler fut fait ensuite, et, ayant laissé par cette série de signaux commencée avec la chasse, la plus grande latitude à tous les vaisseaux de manœuvrer de la manière la plus convenable

Acte d'accusation.	Réponse.	Réplique.
		pour joindre le plus promptement possible, il se reposa des succès qu'annonçoit cette journée, sur le zèle et la valeur des capitaines, bien persuadé que chacun en particulier brigueroit l'honneur d'attaquer des premiers, et déploieroit, dans une circonstance aussi heureuse, toutes les ressources du métier pour parvenir à ce but.

Ce sont-là des faits, des vérités que le citoyen Magnac ne détruira pas ; mais je poursuis.

3.° L'escadre étoit sortie de Brest avec 15 jours de vivres, et la division du général Vence en avoit encore moins que les vaisseaux partis de Brest le 23. Je demande à tout homme impartial, si le général pouvoit, avec une telle situation de vivres, continuer une chasse qui, n'ayant pas réussi après trente heures d'opiniâtreté, l'entraînoit de plus en plus loin de la côte. C'est alors que le citoyen Magnac eût pu justement l'accuser de trahison, car avec la moindre contrariété de vents, il pouvoit se trouver dans la nécessité de conduire son escadre dans quelque port d'Espagne pour la soustraire aux horreurs de la famine.

4.° *Le Peuple* restoit, à sept heures du soir, à quatre lieues de l'arrière ; *l'Alexandre* plus loin encore, se voyoit à-peine ; *le Redoutable* restoit à deux lieues ; *le Nestor* à trois ; *le Mucius*, et ainsi que les vaisseaux rasés, n'étoient guères moins éloignés. (v. le relèvement du soir, n°. 2.)

Le Tigre étoit trop désemparé pour pouvoir rejoindre. *Les Droits-de-l'Homme* avoit perdu sur l'ennemi, et ne combattoit plus. Quant au *Zélé*, il étoit impossible que le général comptât qu'un capitaine qui s'étoit si mal conduit pendant le jour, pût se résoudre à se battre la nuit.

Il n'avoit donc que des chances fâcheuses à courir jusqu'au jour ; et si, comme on n'en pouvoit douter, l'ennemi faisoit fausse route pendant la nuit, il étoit plus que probable que l'escadre eût été dispersée ou séparée le lendemain. Quelle eût été alors la position du général et des vaisseaux qui l'eussent suivi ? Lecteur, calculez-en les suites, et jugez s'il est vrai que le général n'ait pas chassé l'ennemi autant qu'il lui étoit possible de le faire.

Acte d'accusation.	Réponse.	Réplique.
C'est uniquement à la lâcheté de ce capitaine.	Dès avant cette journée, j'ai fait mes preuves ; j'ai montré, dans vingt affaires où je me suis trouvé, que je n'étois pas un lâche ; et je suppose que celle du 29 prairial fût la première où j'aurois vu le feu, très-assurément, d'après l'exposé ci-devant, qui est la vérité toute pure, un homme impartial me jugeroit bien différemment que le général Villaret.	Maintenant je parle au citoyen Magnac. J'ignore devant qui et dans quelles occasions il a fait ses preuves. Mais je sais bien qu'il n'a pu les faire depuis la révolution, comme capitaine, que sur la corvette *la Prompte*, qu'il a rendue aux anglais : et je doute fort qu'il cite les preuves qu'il a faites sur ce bâtiment.

Acte d'accusation.	Réponse.	Réplique.

Acte d'accusation.

Que j'impute l'évasion de la division anglaise.

Dont nous nous serions emparé en totalité, ou au moins en grand nombre.

Si Magnac ayant bu toute honte, n'eût mis autant de soin à ralentir la marche de son vaisseau, qu'un brave homme en apporte en pareille circonstance pour l'accélérer.

Réponse.

J'ai prouvé plus haut que si la division anglaise n'est pas entrée dans nos ports, c'est au général Villaret seul qu'en est la faute : qu'il ouvre les journaux de l'armée, tous (le sien peut-être excepté) déposeront contre lui, parleront en ma faveur ; d'ailleurs *je ne faisois pas tout seul l'armée.*

Notre position avantageuse, l'ardeur des équipages (1), tout nous promettoit une victoire complette : vous êtes donc d'autant plus blamable, général Villaret, d'avoir fait le signal *plus qu'impolitique* de ralliement absolu ; et dans quel moment ?...... Dans celui où nous serrions l'ennemi, où il étoit entre deux divisions, l'une au vent, l'autre sous le vent. Dans celui où toutes les forces que vous commandiez le joignoient.

De quelques expressions dures dont se serve le général Villaret, en parlant de moi, je n'en sortirai pas davantage de mon caractère. Les mots ne font rien, et les faits tout. Je suis d'ailleurs connu, et je n'ai pas *volé ma réputation.* (2)

Je réponds donc au chef d'accusation ci-contre, et je maintiens au général Villaret, que loin de ralentir la marche de mon vaisseau, comme il l'avance gratuitement, j'ai tout fait, au contraire, pour joindre l'ennemi. Les avaries énoncées dans la pièce justificative, n.º premier, lui donnent, à cet égard, un démenti formel : à coup sûr si j'étois resté en arrière, je n'aurois pas souffert aussi considérablement, ou plutôt je n'aurois pas souffert du tout.

Réplique.

Vous n'avez prouvé autre chose, sinon que le signal de ralliement a été fait après trente-deux heures d'une chasse, pendant laquelle vous avez eu tout le temps de vous déshonorer. Ouvrez vous-même les signaux, citoyen Magnac ; tous, et le vôtre même, vous condamnent.

Votre position fut en effet avantageuse toute la journée. Je suis bien persuadé que votre équipage n'avoit pas moins d'ardeur que celui du *Tigre* et ceux des autres vaisseaux ; vous en convenez ; vous êtes d'autant plus blamable, citoyen Magnac, d'avoir resté depuis 11 heures du matin jusqu'à 7 heures du soir, en arrière du *Formidable*, à faire des olofées au lieu d'arriver sur l'ennemi.

J'ai déja prouvé qu'en tenant le vent vous étiez fort éloigné de serrer l'ennemi ; qu'il n'y avoit pas de division française sous le vent à lui, et que bien loin que toutes les forces de l'escadre le joignissent, nous avions des vaisseaux à perte de vue ; et qu'en un mot la position de l'escadre étoit telle, qu'une séparation devenoit certaine pendant la nuit, si le Général continuoit la chasse.

Je ne vous connois d'autre réputation militaire que celle que vous vous êtes faite le 29 prairial ; et je conviens que vous ne l'avez pas *volée*.

Toujours de la mauvaise foi, citoyen Magnac ; pourquoi cela ? Je vous le répète, le Général n'a pas dit que vous n'eussiez pas attaqué ; il en convient formellement ; mais il se plaint que vous vous soyez retiré du feu après 20 minutes d'engagement, pour n'y plus revenir.

Où est donc, je vous le demande, ce démenti formel que lui donne votre pièce n.º 1 ? Est-ce que ce n'est pas dans votre combat de neuf heures et demie du matin jusqu'à dix heures, et dont le Général fait mention, que vous avez reçu les coups de canon portés dans votre pièce n.º 1.

---

(1) Sur *le Zélé*, des hommes enflés de scorbut, qui, à peine pouvoient se traîner, vinrent se placer au service du canon, malgré mes représentations et celles de leurs camarades.
(2) Je pourrois bien donner connoissance de tous les certificats qui m'ont été accordés ; mais je me borne à produire ici celui que je viens d'obtenir du général Vence. (Pièces justificatives, n.º 4.)

B

Acte d'accusation.	Réponse.	Replique.
	Si le général Villaret n'étoit pas prévenu contre moi, ou que quelques motifs secrets ne le fissent pas agir, il eût rendu un tout autre compte.	Ne pouvant descendre dans la conscience du Général, je ne puis affirmer qu'il fût ou non prévenu contre vous. Mais j'atteste et je prouverai bientôt qu'il comptoit, ainsi que moi, beaucoup sur vous.
	Il eut dit, dans son rapport, que, lorsque le vaisseau *le Zélé* avoit mis son perroquet de fougue sur le mât, c'est que son beaupré touchoit la poupe du *Formidable*, et vouloit éviter de l'aborder.	C'est précisément ce qu'il dit; il vous reproche d'avoir pu doubler *le Formidable*, et d'avoir mis des voiles sur le mât pour ne le pas faire, quoique cette manœuvre de doubler, même en ligne, un vaisseau mauvais voilier, soit prescrite par les ordonnances, aux bons marcheurs.
	Il auroit dit que, connoissant la mauvaise qualité de ma poudre, je m'étois, pour ne point tirer des coups perdus (1), approché de l'ennemi, à portée de fusil; il auroit dit que je l'avois doublé et pris la tête de l'armée; il auroit dit que je la tenois au moment de son *malheureux signal de ralliement général absolu*; il auroit dit.....	Le Général a toujours pensé, et le dernier mémoire du citoyen Devaux, directeur de l'artillerie, à Brest, prouve que notre poudre est au moins aussi forte que celle des anglais.
	Mais il falloit couvrir sa propre faute; et le moyen d'y réussir, ou au moins de la pallier un peu, c'étoit de se porter dénonciateur le premier, bien convaincu que la chose ne resteroit pas ignorée.	Je me dispense de répondre à cela; car le lecteur sentira facilement que si le Général a fait une faute, c'est d'avoir enfreint l'ordre de ne pas perdre la terre de vue, et que sa meilleure ou plutôt sa seule excuse auprès du gouvernement, ne pouvoit se trouver que dans la capture de quelques vaisseaux anglais. Prenez garde, à votre tour, citoyen Magnac, que les honnêtes-gens ne vous soupçonnent de vous être porté dénonciateur pour détourner l'attention de vos juges et du public, et couvrir votre propre faute.
	Les voilà donc détruits, ces chefs sans nombre d'accusation contre moi, dans l'affaire du 29 prairial : voyons maintenant le mérite de ceux du 5 messidor.	Je crois, au contraire, que vous les avez prouvés, citoyen Magnac.

---

(1) Voyez l'état des coups de canons tirés dans cette affaire. (*Pièces justificatives*, n.º 5.)

AFFAIRE DU 5 MESSIDOR.

Acte d'accusation.	Réponse.	Replique.
Je me plains également dans la journée du 5 messidor, du même capitaine, qui, loin de profiter de la supériorité de marche de son vaisseau, pour voler au secours de *l'Alexandre*,	Depuis le 4 messidor au matin, l'ennemi, beaucoup plus fort en nombre que nous, nous donnoit la chasse; notre armée, le 5, à la pointe du jour, étoit à vue de Groix. Nos vaisseaux avoient toutes voiles dehors; *le Zélé*, pour ne pas les abandonner, resta sous ses huniers, amenant ses perroquets par intervalle et mettant son perroquet de fougue sur le mât, aussi par intervalle.	Le Général n'a pas dit que *le Zélé* eût toujours toutes voiles dehors; il sait même qu'il n'en eut jamais autant que *l'Alexandre* et *le Redoutable*; mais il se plaint que cet excellent vaisseau, quelle qu'ait été d'ailleurs sa voilure, se soit toujours éloigné de la partie de l'armée qui étoit menacée. Je vous observe, moi, citoyen Magnac, dussiez-vous répéter mille fois que l'on ne vous a pas fait de signaux particuliers, que la ligne ayant été ordonnée sans égard aux postes, le vôtre, à raison de la marche du *Zélé*, devoit être de l'arrière pour couvrir les mauvais marcheurs. Je vous assure que tout brave homme qui eût commandé votre vaisseau, se fût bien gardé de se choisir un poste à la tête; il se fût cru déshonoré par ce choix. Consultez, à cet égard, les capitaines et les officiers de l'armée; faites mieux, consultez-vous vous-même.
	Dans la matinée notre armée tenoit une espèce de marche sur la ligne du plus près stribord.	Est-ce que l'ordre de marche, sur la ligne du plus près stribord, n'avoit pas été signalé? Est-ce que le signal aux bons voiliers de maintenir cet ordre, en réglant leur vitesse sur celle des plus mauvais, n'avoit pas été fait?......; Pourquoi donc une *espèce* de marche, citoyen Magnac? Je vais vous le dire; c'est que vous, et d'autres capitaines, qui, peut-être, comme vous, répondront qu'ils n'avoient pas toutes voiles dehors, étoient en avant de la ligne dans laquelle ils devoient relever *l'Alexandre*; ils se haloient au vent tant qu'ils pouvoient, et s'isoloient ainsi des mauvais voiliers, qu'ils laissoient sous le vent, s'embar-

Acte d'accusation.	Réponse.	Réplique.
		rassant très-peu que l'ordre signalé par le Général se formât ou non.
	L'*Alexandre* étoit à la gauche, et *le Zélé*, à la droite.	Cela est vrai. *Le Zélé* se tint toujours loin de *l'Alexandre*, qui, n'étant pas conservé par les bons voiliers, devoit nécessairement être attaqué l'un des premiers, attendu l'infériorité de sa marche.
	Pour donc aller rejoindre *l'Alexandre*, il eut fallu traverser tout le front de l'armée.	Non, citoyen Magnac; il falloit seulement vous laisser culer de deux longueurs de vaisseau, et, arrivant ensuite, vous eussiez, non pas *traversé*, mais prolongé la ligne en arrière des vaisseaux.
	Eh! pouvois-je, sans un ordre particulier, quitter ma place?	Vous, à qui il faut toujours des ordres particuliers, dites-moi comment, sans un signal particulier, vous avez pu vous décider à prendre une place à la droite? Pour être conséquent, à votre manière de raisonner, vous ne deviez en avoir aucune dans la ligne; et alors le champ le plus vaste étoit ouvert à votre valeur. Mais je n'ai pas oublié, citoyen Magnac, que, le 29 prairial, lorsqu'il s'agissoit d'attaquer, vous vous êtes mis *en ligne* derrière un vaisseau qui étoit en arrière des combattans; et que le 5, lorsqu'il s'est agi de retraite, vous avez choisi votre poste parmi les vaisseaux avancés.
	Ne convenoit-il pas plutôt que le secours dont pouvoit avoir besoin *l'Alexandre*, lui eût été apporté par les vaisseaux qui étoient les plus à sa proximité, les vaisseaux *le Nestor*, *le Tigre*, *le Redoutable* et *le Formidable*.	Je réponds à cela qu'il étoit très-possible que le signal du Général ne fût pas le meilleur à faire dans cette circonstance; c'est une question qui ne vous est pas soumise, et à laquelle je ne vous répondrai pas quant à présent. Mais toujours est-il vrai qu'un capitaine en ligne n'est pas le juge de la manœuvre du Général, ni des motifs qui l'ont déterminé à l'ordonner; que le devoir du capitaine est d'obéir rigoureusement, et que vous n'avez pas même montré l'intention d'obéir. Sachez, d'ailleurs, que les vaisseaux *le Nestor*, *le Tigre*, *le Redoutable* ont combattu, et qu'ils l'eussent fait avec succès, si, vous bornant à vos fonctions de capitaine, au lieu de vous porter juge de la manœuvre

Acte d'accusation.	Réponse.	Réplique.
		ordonnée par le Général, vous eussiez ajouté vos moyens à ceux de ces vaisseaux.
	D'ailleurs, puisque le général Villaret prétend, dans son acte d'accusation, que je devois aller, *contre toutes les règles de la guerre*, secourir *l'Alexandre*, que ne m'en faisoit-il le signal particulier. Je lui maintiens qu'il ne m'en a fait qu'un seul dans les deux affaires du 29 prairial et 5 messidor, et je vais avoir occasion d'en parler tout-à-l'heure.	*Toutes les règles de la guerre*, citoyen Magnac, prescrivent impérieusement à l'homme d'honneur de porter des secours à son camarade, sur-tout lorsqu'il est attaqué par des forces supérieures. N'étiez-vous pas de l'avant-garde?... Vous en convenez. Le Général n'a-t-il pas fait le signal à l'avant-garde de former une ligne très-serrée pour aller dégager *l'Alexandre*?... vous en convenez; et votre registre des signaux doit en faire foi. Donc le Général vous a fait le signal de secourir *l'Alexandre*. Ne *maintenez* donc plus que, dans les deux affaires, il ne vous a fait qu'un seul signal; car personne ne vous croira désormais.
Se porta, au contraire, malgré mes signaux, dans la partie de l'Escadre qui n'étoit point exposée.	Je me suis constamment attaché à conserver le poste que j'occupois dans la ligne, dès la veille au soir.	Nous sommes à-peu-près d'accord. Vous vous êtes constamment attaché à conserver un poste à la tête de l'armée, et non pas dans la ligne; car l'ordre de front, qui avoit été signalé le 4, fut entièrement déformé pendant la nuit, tant à cause de la foiblesse des vents, que par le peu de soin que plusieurs vaisseaux et le vôtre apportèrent à le maintenir. Mais invariablement fixé à la résolution d'avoir un poste à l'avantgarde de l'escadre, je conviens que vous en avez pris un dans cette partie de l'armée, lorsque le Général signala l'ordre de marche sur la ligne du plus près stribord.
	Si je faisois une mauvaise manœuvre, pourquoi le général Villaret ne m'en fit-il pas le signal?	Le Général fit mieux que de vous prévenir que vous manœuvriez mal; il vous signala la manœuvre qu'il vouloit que vous fissiez, comme vaisseau de l'avant-garde; et vous n'avez pas obéi.
	Si je ne répondois pas à ses signaux, pourquoi ne me fit-il pas celui de mécontentement? Car il est bon que le public soit instruit.	Le signal de mécontentement est une punition que le Général a le droit d'appliquer, comme peine de discipline, à la suite d'une manœuvre mal exécutée

Acte d'accusation.	Réponse.	Réplique.
		de la part d'un capitaine, dans les circonstances ordinaires de la navigation ; mais dans celles dont il est question, il a pensé qu'il n'étoit pas compétent pour punir les manœuvres et la désobéissance qu'il vous reproche. Au reste, vous avez raison : il est bon que le public soit instruit, et c'est dans cette vue que j'écris.
	La vérité est qu'il ne m'a pas plus fait ces deux derniers, que celui de sortir de mon rang et de traverser le front de l'armée, pour aller au secours de *l'Alexandre*.	J'ai déja prouvé, et vous en êtes convaincu vous-même, qu'à l'exception du signal de mécontentement que le Général n'a pas dû vous faire, il vous en a fait beaucoup plus qu'il n'en falloit à un brave homme pour le mener au feu.
	Au surplus, les journaux de l'armée nous jugeront tous deux.	C'est-là ce que je demande, sans en excepter même le vôtre. Ainsi nous voilà encore une fois d'accord.
	Car, sans doute, il n'en sera pas cru à sa seule allégation.	Cela est certain, puisqu'il y a un juri convoqué, des témoins assignés, et que vous-même en avez désignés qui sont ou seront entendus. Je suis d'ailleurs bien-aise de vous dire, citoyen Magnac, que si, comme sous le régime de la tyrannie, il existoit un individu dont la seule allégation pût en perdre un autre, je mépriserois et fuirois cet individu, quel qu'il fût. Nous n'en sommes plus là, dieu merci ; il faut aujourd'hui fournir la preuve matérielle, morale et testimoniale des accusations que l'on porte contre un citoyen quelconque ; et je vous assure que si les vôtres m'eussent parues étayées de pareilles preuves, qu'en un mot, si vous m'aviez convaincu, j'aurois avoué, sans hésiter, que jusqu'ici j'avois été dans l'erreur sur le compte du général Villaret, et je me serois empressé de me joindre à vous pour provoquer la punition d'un traître.
Et ne profiter des bonnes qualités de son vaisseau que pour ne pas prendre part à l'action.	Le général Villaret paroît avoir encore ici perdu de vue la manœuvre du *Zélé*, sans quoi il auroit remarqué que ce vaisseau ne portoit que ses huniers, et quelquefois les perroquets, hissés et amenés à différentes reprises, pour conserver mon	Le général Villaret, encore une fois, ne dit pas que *le Zele* ait toujours eu tout dehors ; car, dans ce cas, *le Zélé* seroit entré à Lorient avant que les deux armées eussent engagé l'action ;

Acte d'accusation.	Réponse.	Réplique.
poste. Or, je le demande, cette manœuvre dénote-t-elle la conduite d'un homme qui veut fuir ?		mais il se plaint que *le Zélé* ait pris une position tellement avancée dès le commencement de l'action, que, malgré la soustraction de voiles dont parle le citoyen Magnac, ce vaisseau n'ait pu se rallier à ceux qui combattoient de l'arrière, et les secourir, comme c'étoit l'intention du Général, intention qu'il a manifestée, par tous ses signaux, depuis le commencement jusqu'à la fin du combat.
	Plus j'avance dans mes moyens de défenses, plus je me persuade que je ne dois le désagrément que j'éprouve aujourd'hui, non pas à ma conduite, mais à quelques motifs secrets, dont le temps instruira le public.	J'ignore si le Général a quelques motifs secrets de haine et de récrimination contre vous. Cependant voilà ce que je sais bien positivement. Le commandement du *Zélé* s'étant trouvé vacant, le Général me demanda si je pouvois lui désigner un bon capitaine pour ce vaisseau. Je lui rappellai alors le citoyen Magnac, dont je lui avois déja parlé comme d'un très-bon officier, ainsi que je le pensois dans toute la sincérité de ma conscience, parce que, ayant servi avec moi, et même sous mes ordres, au commencement de la guerre, j'en avois été parfaitement satisfait. Je ne laissai point ignorer au Général que ce capitaine avoit été l'une des victimes de la tyrannie triumvirale; et enfin, pour déterminer le choix du Général, je n'oubliai aucunes des considérations que me dictoit le desir de bien servir la chose publique, en plaçant, sur le meilleur voilier de l'armée, un capitaine, dans les principes et dans les talens duquel j'avois la plus grande confiance.
		Le choix du Général se fixa donc sur le citoyen Magnac. Il alla aussitôt en rendre compte aux représentans du peuple Faure et Tréhouard. Ceux-ci se refusèrent d'abord à ratifier cette nomination ; et Tréhouard nommément, en développant ses motifs au Général, employa, à l'égard du citoyen Magnac, des expressions trop dures, pour que je ne me dispense pas de les répéter ici.

Acte d'accusation.	Réponse.	Réplique.

Réplique.

Quoi qu'il en soit, le Général, persistant dans son choix, retourna plusieurs fois à la charge, et le commandement du *Zélé* fut donné au capitaine Magnac.

Lors de la rentrée de la division, aux ordres de Doré, le citoyen Magnac, qui en faisoit partie, fut mis en cause.

Le juri le déclara coupable ; mais le conseil martial, à qui la loi ne donne d'autre attribution que d'appliquer la peine convenable au délit constaté par la déclaration du juri, prononça que le citoyen Magnac étoit hors d'accusation.

L'illégalité de ce jugement n'échappa point au Général ; d'un seul mot, il pouvoit le faire casser ; mais lui-même, m'observant combien la conservation d'un bon officier pouvoit être avantageuse à l'armée navale, il se félicita de voir le citoyen Magnac hors d'affaires, et le rendit sur-le-champ à ses fonctions, avant d'avoir prévenu les représentans du peuple, dont il redoutoit les réflexions sur l'irrégularité de la procédure. J'avoue que le général Villaret eut tort dans cette circonstance, par la sanction qu'il donna à un jugement illégal, quoiqu'il le fît dans la vue de servir la chose publique, sur la bonne opinion que la réputation du citoyen Magnac, qu'il ne connoissoit pas alors, lui avoit donné de cet officier ; mais, je le demande à l'univers, ce tort du général Villaret est-il de nature à le convaincre de haine et de récrimination à l'égard du citoyen Magnac ?

Les faits que j'avance ici sont incontestables. Il existe maintenant à Lorient plusieurs des jurés qui condamnèrent Magnac ; je cite, entr'autres, le capitaine Gouardun, et je l'interpelle de déclarer si je me suis écarté de la vérité.

Je dirai enfin que, quand la division du contre-amiral Vence rallia l'escadre, le général Villaret retira au brave capitaine Bedou le poste important de serre-file de l'armée, pour le confier

Acte d'accusation.	Réponse.	Réplique.
		au citoyen Magnac; et je prie tous les marins de déclarer s'il est facile au Général de donner publiquement, à un capitaine, de plus grandes marques de son estime.
		Commencez par détruire ces vérités, citoyen Magnac, avant d'annoncer au public que le Général a des motifs secrets de récrimination contre vous; à défaut des armes de la vérité, employez du moins celles de la vraisemblance.
	Et pour lui faire connoître, dès-à-présent, que le général Villaret en impose, quand il dit que *je n'ai pas pris part à l'action*, je le renvoie aux pièces justificatives, n.º 6 et n.º 7. Qu'il les lise, et il verra que j'ai tiré, dans cette seule affaire, trois cents-soixante-dix coups de canon, et que j'y ai encore reçu quelques nouvelles avaries. Général Villaret, qu'avez-vous à opposer à ces pièces authentiques? Avouez donc, de bonne-foi, que vous vous êtes trompé, ou vous risquez de passer pour un calomniateur.	En vérité, citoyen Magnac, il faut que vous soyiez bien persuadé qu'il ne reste plus de marins en France, pour oser nous renvoyer à vos pièces justificatives, lorsqu'il s'agit de prouver que, dans un combat où trois vaisseaux sont restés entre les mains des ennemis, vous avez pris à cette action la part que vous deviez y prendre.
		Votre pièce n.º 6, prouve que vous avez tiré 370 coups de canon; soit. J'admets même que tous vos coups aient été dirigés sur l'ennemi, à la portée convenable. Qu'est-ce que 370 coups de canon pour un vaisseau de 74, pendant un combat où vous dites avoir fait feu des deux bords, et qui a duré trois heures?... Rien ne prouve mieux l'assertion du Général.
		Voyons maintenant votre pièce justificative, n.º 7. Elle prouve que vous n'avez reçu que quatre boulets dans le corps du vaisseau, beaucoup de coups perdus dans vos voiles, et seulement un grand hauban, deux itagues de grand hunier, deux bras de misaine, et quelques manœuvres courantes coupés. En vérité, vous êtes le premier capitaine, à ma connoissance, qui ait appellé cela des *avaries*; et qui sur-tout en ait fait imprimer la liste, comme preuve qu'il s'est bien battu. Avouez donc, de bonne-foi, que l'on vous a entraîné loin de vous-même dans votre défense; que vous n'en êtes pas le rédacteur; ou vous risquez de passer, aux yeux de tous les marins, sinon pour un homme

C

Acte d'accusation.	Réponse.	Replique.
		de mauvaise-foi, du moins pour un capitaine sans expérience, et qui n'a nulle idée de ce que peuvent être les avaries d'un vaisseau, à la suite d'un combat tel que celui que vous avez eu occasion de livrer.
	Je pourrois borner-là ma défense sur ce moyen d'accusation.	Vous eussiez cependant bien fait, citoyen Magnac ; car d'une part vous ne vous seriez pas rendu votre épigraphe applicable, en prouvant au public que vos moyens de défenses vous ont parus si foibles à vous-même, que vous avez senti la nécessité d'avoir recours à l'accusation et à des insinuations plus perfides encore que la calomnie bien articulée ; et de l'autre vous ne m'eussiez pas imposé la pénible obligation de vous répondre, parce que je n'aurois vu en vous qu'un camarade qui cherche à prouver qu'aucune intention coupable n'a dirigé sa conduite, et qu'il est dans mes principes, comme dans mes inclinations, de tendre plutôt la main à un tel camarade, que de lui reprocher sa faute. Mais quand je vois que pour vous disculper vous n'hésitez pas à faire planer les soupçons les plus atroces sur la tête d'un chef, des actions duquel j'ai été le témoin pendant cette campagne, des ordres de qui j'étois le premier organe ; d'un chef dont j'ai pu épier toutes les intentions, que j'ai vu faire le sacrifice de sa tête dans la journée du 29, et qu'enfin j'ai vu dans cette journée, comme dans celle du 5 messidor, au moment de céder au désespoir ; je ne considère plus votre défense comme une affaire particulière : elle prend à mes yeux le caractère d'un attentat contre l'opinion publique que vous entreprenez d'égarer, et je dois, sous ce rapport, m'opposer de toutes mes forces à cette entreprise, parce que depuis sept ou huit mois que je remplis les fonctions de major de l'armée, le général Villaret ne m'a donné aucun ordre

Acte d'accusation.	Réponse.	Replique.
		à transmettre qui ne portât l'empreinte du courage, du talent et de l'amour de la chose publique. S'il m'eût laissé le moindre doute à cet égard, il y a long-temps que je me serois demis d'une place encore plus désagréable que pénible, et pour l'exercice de laquelle je ne reçois aucun dédommagement. Je poursuis ma replique.
	Mais ce n'est pas assez pour moi d'avoir démontré que le général Villaret étoit de mauvaise-foi, ou n'a pas suivi la manœuvre du vaisseau *le Zélé* ; je dois encore faire connoître au public, qu'il paroit n'avoir pas mieux observé les mouvemens de l'armée ennemie. Si, en effet, il avoit été attentif à ses mouvemens, il ne me feroit pas le reproche de n'avoir pas quitté mon rang pour voler au secours de *l'Alexandre*, à moins de vouloir passer pour un profond ignorant.	Vous n'avez démontré que votre mauvaise-foi, et je vais en donner une nouvelle preuve au public. Mais en attendant convenez qu'il faut être bien mal-adroit pour faire imprimer que le Général paroit n'avoir pas observé les mouvemens de l'ennemi ; car dans la supposition même qu'il voulût trahir, comme vous l'insinuez, convenez qu'il avoit le plus grand intérêt à observer tous les mouvemens de l'ennemi.
	Tous ceux qui ont examiné et suivi les mouvemens de l'armée ennemie, avoueront qu'une de ses divisions manœuvroit pour nous gagner au vent et nous couper la terre. Il étoit donc de toute nécessité que les vaisseaux de la droite eussent maintenus leur position, pour s'opposer à cette manœuvre. Si un seul avoit sorti de son poste, le vuide qu'il eût laissé donnoit prise à l'ennemi ; et ce n'est qu'à la bonne contenance du *Zélé*, du *Watigny* et d'un vaisseaux rasés, que l'on doit l'abandon qu'il fit de ce projet ; ce ne fut que leur feu qui le força à revirer de bord, vent devant, pour se rallier à son armée. Cependant si le Général m'avoit fait le signal de passer ailleurs, je l'eusse exécuté, comme celui de ralliement à l'affaire du 29 prairial : sans doute les suites en eussent été funestes, et pour l'armée, et pour la ville même de Lorient ; mais, je le répète, cette fois, comme la première, j'aurois su obéir. Dans ces sortes d'occasions, il ne reste à un subalterne que la ressource des regrets (1).	A quelle heure, citoyen Magnac, les deux vaisseaux anglais qu'il vous plaît de nommer une division, se sont-ils portés au vent de l'escadre ? A sept heures et demie, citoyen, et j'invoque à cet égard le témoignage de l'armée. Quelle heure étoit-il quand le Général fit signal aux deux escadres du centre et de la droite d'arriver au N. E. ? Cinq h 40′ : à quelle heure fit-il à l'avant-garde le signal de former de vitesse une ligne très-serrée pour aller dégager le vaisseau *l'Alexandre* ? A six heures, citoyen Magnac. Alors les vaisseaux avancés de l'ennemi portoient tous leurs efforts sur *l'Alexandre* ; la droite n'étoit nullement menacée, et vous devriez au moins savoir que ce ne peut être que d'après la manœuvre de l'ennemi qu'un

---

(1) Le général fit, à cinq heures cinquante minutes, le signal de former une ligne très-serrée, et à six heures, celui de former une ligne de bataille, sans égard au poste, en se formant sur *l'Alexandre*. Il paroit que tous les capitaines de l'armée jugèrent également ces deux ordres inexécutables, puisque chacun s'occupant du salut particulier de son vaisseau, ne voulut point s'exposer à le faire sans un ordre indicatif et spécial : dans le fait, pour exécuter ces deux ordres successifs, il falloit virer de bord, mettre beaucoup de temps à se former, vu le désordre où étoit l'armée, et, par conséquent, se livrer au milieu de l'armée ennemie, qui déja enveloppoit *l'Alexandre*.

Acte d'accusation.	Réponse.	Replique.

Général doit combiner la sienne. A votre compte le général Villaret auroit dû, avec des forces aussi inférieures que les siennes, se ménager un corps de réserve; il auroit dû conserver un tiers de son escadre hors du feu, et faire écraser successivement l'arrière-garde et le corps de bataille, pour avoir ensuite quatre ou cinq vaisseaux frais à opposer aux ennemis; c'est alors que vous auriez eu raison de l'accuser d'ignorance et même de trahison; car une armée à force égale qui prendroit de pareilles dispositions, seroit, à coup sûr, battue; & si, comme je n'en doute pas, il y avoit une manœuvre qui pût nous empêcher de perdre des vaisseaux, c'étoit celle qui réunissoit notre escadre, et opérant l'ensemble le plus parfait, eût réduit à son *minimum* l'étendue de notre ligne. Je vous assure qu'alors les trois vaisseaux ennemis qui attaquèrent notre arrière-garde, eussent été désemparés avant d'être à la demi-portée de canon; qu'il est très-probable même qu'ils ne se fussent pas exposés à l'action d'une pareille ligne, et que son attitude seule les eût forcés d'attendre du renfort. Or, vous savez bien qu'à la distance où nous étions de terre, il ne falloit pas attendre long-temps pour ne pouvoir plus rejoindre.

Mais au lieu de cet ensemble sur lequel le Général fondoit le salut de l'escadre, & qu'il s'efforçoit d'obtenir par les signaux les plus expressifs de la tactique, vous avez jugé, vous, capitaine Magnac, qu'il étoit préférable d'avoir un corps de réserve; vous avez jugé dans votre sagesse que le Général n'observoit pas les mouvemens des ennemis; vous avez jugé dangereuse l'exécution de ses signaux, et d'après cela vous avez désobéi; vous êtes resté au poste que vous aviez choisi, et vous en convenez formellement. Qu'est-il résulté de ce droit que vous

Acte d'accusation.   *Réponse.*   *Replique.*

avez pris, contre toutes les ordonnances, de subordonner les ordres du Général à votre coup-d'œil ? Que les ennemis ne voyant aucun mouvement de notre part pour renforcer notre arrière-garde, ont porté dans cette partie tous les efforts du petit nombre de leurs vaisseaux qui nous avoient atteint ; qu'ils se sont trouvés par-là les plus forts ; qu'ils ont successivement dégréé et retardé nos vaisseaux arriérés dans leur retraite, ce qui a donné aux leurs la facilité de joindre ; et qu'enfin lorsqu'ils ont vu qu'ils avoient pour eux l'avantage du nombre dans cette partie, et que le désordre alloit en croissant dans notre escadre, leur audace s'est accrue ; ils ont entrepris de plus grands succès, et deux de leurs vaisseaux ont essayé de doubler notre avant-garde au vent.

Cependant le Général qui *n'observoit pas les mouvemens de l'armée ennemie*, fit alors le signal de serrer le vent. Le but de cet ordre qui étoit de faire replier les deux vaisseaux anglais, n'échappa à personne, et le journal de votre officier de manœuvre fait foi qu'il fut senti même à votre bord. En effet quelques volées du *Watigni*, du *Brave*, du *Mucius* et du *Zélé* firent replier le premier vaisseau ; le second ne doubla pas *le Peuple*, et revira de bord à son tour.

Mais je dois déclarer ici que je crois que vous avez fort mal jugé les intentions de l'ennemi, quand vous avez pensé qu'avec deux vaisseaux il vouloit nous couper la terre. Il est plus probable qu'ils vouloient couper notre ligne en avant du *Peuple*, qui alors étoit vigoureusement canonné par son côté de tribord ; et comme il n'y avoit que l'avant-garde qui pût faire échouer ce projet, deux vaisseaux se détachèrent pour l'occuper, peut-être même pour tromper le Général par cette fausse attaque, et pour faciliter enfin à un troisième vaisseau les moyens d'arriver en

Acte d'accusation.   *Réponse.*   *Réplique.*

avant du *Peuple*. Mais ils ne soutinrent pas le choc de notre avant-garde, et leur prompte retraite prouve qu'ils n'avoient jamais eu l'intention de nous couper la terre, sur laquelle d'ailleurs les vents nous permettoient alors de porter.

Convenez donc, citoyen Magnac, 1.° que vous confondez en une seule époque, deux époques bien distinctes; 2.° que si vous vous fussiez porté à l'arrière-garde quand le Général vous l'a ordonné, ainsi qu'aux trois autres vaisseaux de l'avant-garde, les ennemis n'eussent pas détaché deux vaisseaux pour nous doubler au vent, ou qu'ils eussent succombés dans la partie opposée; 3.° qu'en supposant qu'ils se fussent décidés à cette manœuvre, deux vaisseaux n'en pouvoient arrêter douze qui leur eussent passé successivement sur le corps, ou les eussent forcés d'aller au mouillage avant l'escadre de la république; et 4.° enfin, que la ville de Lorient et l'armée de la république pouvoient être sauvées sans votre désobéissance.

Avant de finir cet article, permettez-moi de vous reprocher encore vos contradictions.

Vous déclarez modestement que vous avez sauvé l'escadre, la ville de Lorient, et que l'une et l'autre étoient perdues, si les ordres du Général s'exécutoient. Donc il vous a donné des ordres, donc vous y avez désobéi; et, dans le même paragraphe, vous avancez que si le Général vous eût fait le signal de passer ailleurs, vous l'eussiez exécuté comme celui de ralliement à l'affaire du 29 prairial. Il y a là une contradiction bien évidente où la logique est en défaut.

Mais, à propos de l'affaire du 29 prairial, comment avez-vous pu vous décider à obéir au signal de ralliement ? Ce signal, adressé à toute l'armée, ne vous étoit pas plus particularisé que celui d'attaquer l'ennemi de manière à le forcer de se rendre, ou de faire côte.

Acte d'accusation.	Réponse.	Réplique.
Je me plains encore amèrement de la désobéissance qu'il apporta dans le signal que je lui fis de donner la remorque au *Tigre*; desobéissance qui fut cause de la perte de ce vaisseau, qui n'avoit tout au plus que quatre encablures à parcourir pour attrapper le coureau de Groix.	Je le confesse et je l'avoue; oui, le général Villaret m'a fait, à huit heures cinq minutes du matin de la journée du 5 messidor, le signal de donner la remorque au vaisseau *le Tigre*, et ce signal est le seul particulier qu'il m'ait fait pendant les deux journées du 29 prairial et 5 messidor. Je persiste à le lui maintenir, puisque c'est l'exacte vérité, et que toute l'armée l'attestera au besoin. Je persiste encore à lui maintenir que j'ai exécuté, autant qu'il a été en mon pouvoir, sa volonté à cet égard. Vous tous, matelots, soldats, officiers, qui avez été à même de voir de près ma conduite, parlez ouvertement; le bien public l'exige, l'intérêt de la patrie le commande; dites si, aussitôt ce signal apperçu, je ne fis pas mettre de suite le grand hunier et le perroquet de fougue sur le mât, parer un grélin et mettre la niole à la mer; si enfin tout ne fut pas exécuté avec célérité, et si je ne me laissai pas culer sur *le Tigre*. Eh! combien de vous n'avez pas frémi, n'avez pas craint pour moi, en voyant ma position! Quel est celui de vous qui n'a pas dit: *Voilà encore un vaisseau aux anglais!*	Vous avouez avoir reçu, à huit heures 5 min., l'ordre de donner la remorque au *Tigre*. Cela est vrai; donc je n'ai rien à dire. Quant à ce que vous dites des autres signaux que vous prétendez ne vous avoir pas été faits, j'ai suffisamment prouvé votre erreur à cet égard. Si vous aviez toujours parlé sur ce ton, je n'aurois eu rien à répondre, parce que ne connoissant pas la mesure de votre *pouvoir*, comme je connois celle de vos devoirs, j'aurois eu mauvaise grace à affirmer que vous pouviez exécuter une manœuvre difficile, par cela seul qu'elle me sembloit possible. J'ai dit, dans mon journal, que je dictois à haute voix, sur le gaillard d'arrière de *la Proserpine*, à l'instant même que les manœuvres avoient lieu, que *le Zélé* avoit mis en panne quand le Général lui fit le signal de donner la remorque au *Tigre*; j'atteste encore cette vérité. Je crois également, quoique je ne l'aie pas vu, que le capitaine Magnac a fait passer un grélin et mettre sa niole à la mer. Mais j'affirme qu'en se laissant culer dans la position où il étoit, ce n'étoit pas sur *le Tigre*, car il étoit un des premiers vaisseaux de la droite; *le Tigre* étoit le dernier de la gauche, et conséquemment beaucoup sous le vent du *Zélé*. Ces deux vaisseaux parcouroient deux lignes parallèles, qui avoient, pour intervalle, toute l'étendue de l'armée; *le Tigre* ne pouvoit plus aller, encore moins tenir le vent; et je demande comment il étoit possible qu'ils se joignissent tant que l'un n'inclineroit pas sur la route de l'autre. Or, il est évident que c'étoit le vaisseau, non désemparé, le vaisseau du vent qui devoit arriver franchement sur l'autre. En faisant cette manœuvre hardie, mais ordonnée, mais très-possible, ce vaisseau

Acte d'accusation.	Réponse.	Réplique.
		auroit eu l'avantage de lâcher, au trois ponts qui se tenoit au vent du *Tigre*, une volée qui l'eût enfilé de l'avant à l'arrière ; il eut mis *le Tigre* dans ses eaux ; & conjointement avec *le Jean-Bart* qui venoit de recevoir l'ordre de prendre poste derrière *le Peuple*, il eut fermé la lacune, qui permit au trois ponts ennemi de couper *le Tigre* une demi-heure après, et presque au moment où, se traînant péniblement, il alloit donner dans le canal de Groix. Plut au ciel que vous eussiez vu cette position comme nous, citoyen Magnac ; personne n'eut frémi à votre bord ; fier d'enlever aux anglais un vaisseau sur lequel ils s'acharnoient, votre équipage eut dit : Voilà encore *le Tigre* à la France ; et toute l'armée se fut écriée : Voilà encore des Jean-Bart, voilà des vrais français !
		Ah ! qu'il n'eut alors été doux de mêler ma voix à celle de tous mes camarades ! Déja cette pensée délicieuse cicatrisoit les plaies de mon cœur ; et dans le pressentiment qui me trompoit, je disois au Général : Dans un quart d'heure, Magnac vous aura fait oublier la journée du 29 prairial (1).
A la vérité, ma position étoit bien critique et bien cruelle.		Votre position, comme je viens de le démontrer, n'étoit pas bien critique ; & loin d'être cruelle, je vous défie de m'en citer une plus belle et plus desirable pour un capitaine qui, au lieu de calculer seulement tous les dangers d'une telle mission, comme vous paroissez avoir fait, n'eût eu devant les yeux que la gloire de son pays, et les lauriers dont il alloit orner le pavillon national.
		D'ailleurs l'ordre du Général étoit *indicatif* et *spécial* pour *le Zélé*. Je vous ai oui-dire, au juri, que si le Général

(1) Je dois avouer ici que, lorsque le Général m'ordonna de faire donner une remorque au *Tigre*, ce ne furent pas seulement la position et les qualités supérieures du *Zélé* qui me décidèrent à lui nommer ce vaisseau, mais encore un reste d'intérêt pour son capitaine, et le desir de lui présenter une occasion marquante de réparer ses fautes du 29 prairial.

Acte d'accusation.	Réponse.	Réplique.
		vous eût ordonné d'aborder l'ennemi, vous l'eussiez fait. Pourquoi donc n'êtes-vous pas allé au *Tigre* ?
	D'un côté, je voyois deux de nos vaisseaux entre les mains de l'ennemi; de l'autre, je voyois un troisième en danger.	C'est parce que deux de nos vaisseaux étoient entre les mains des ennemis, et qu'un troisième étoit *en danger*, que le Général vouloit faire secourir ce dernier pour ne pas augmenter nos pertes.
	Je fis donc toute diligence pour lui porter secours, pour exécuter le signal du Général; mais, hélas! tous mes soins furent perdus.	Vous ne fites aucune diligence pour lui porter secours, car vous n'allâtes pas sur lui. Vous déclarez, au contraire, avoir mis en panne, c'est-à-dire, que vous arretâtes la vîtesse de votre vaisseau; et j'ai démontré, et toute l'armée sait que quand même *le Tigre* n'eût pas été sous le vent à vous (position qui l'eût obligé de faire des bords pour s'élever dans vos eaux), l'état de dégrément dans lequel il étoit, ne lui eût pas permis de vous joindre.
	Déja *le Tigre* se trouvoit doublé au vent par un vaisseau à trois ponts; et plusieurs autres, dont deux de même force, le canonnoient sous le vent.	Sans doute plusieurs vaisseaux canonnoient *le Tigre* par sous le vent, par l'arrière, et il y avoit un vaisseau à trois ponts, le vaisseau Amiral, qui se tenoit par sa hanche du vent. C'est parce que le général Villaret prévoyoit que ce dernier tenteroit de couper *le Tigre* en avant, si personne ne venoit à son secours, qu'il vous fit le signal d'y aller; qu'il ordonna, peu avant, au *Jean-Bart* de se porter derrière *le Peuple*; et c'étoit enfin pour mettre le complément à cette manœuvre qui devoit fermer le vuide entre *le Peuple* et *le Tigre*, qu'il fit ensuite, aux vaisseaux en avant, le signal de diminuer de voiles, et même de mettre en panne, quand il s'apperçut que ceux-ci n'obéissoient pas complettement. Persuadez-vous bien, citoyen Magnac, que si les ordres du Général eussent été exécutés, vous fussiez rentré à Lorient couvert de gloire, et que *le Tigre* eût été sauvé.
		J'apprends, d'ailleurs, que le brave Bedou a survécu à sa glorieuse défaite, et j'espère que vous l'entendrez vous-même confirmer mon opinion.

D

Acte d'accusation.	Réponse.	Réplique.
	Je ne pouvois donc plus l'approcher, sans compromettre la sûreté du mien, ou, pour mieux dire, sans livrer un quatrième vaisseau à l'ennemi; et ma prise devenoit d'autant plus certaine, que, pour pouvoir faire manœuvrer *le Zélé*, j'aurois été forcé, vu la foiblesse de mon équipage, de faire désarmer entiérement ma seconde batterie. Je fis le signal, au général Villaret, d'impossibilité d'exécuter son ordre; et au même instant, à huit heures et un quart, *le Tigre* amena son pavillon (1).	Chaque fois que l'on va à l'ennemi on compromet la sûreté de son vaisseau; c'est un malheur attaché à la guerre, et sur-tout à notre métier, dans lequel les hazards sont plus multipliés que dans tout autre; mais demandez au capitaine du *Redoutable*, si, dans la position que vous décrivez, il n'a pas cru qu'il étoit possible de donner une remorque au *Tigre*, puisque sans ordre, et ayant un vaisseau très-mauvais voilier, qui avoit considérablement souffert dans son grément, dans sa mâture et dans son équipage, il laissa porter sur ce vaisseau, et lui proposa une remorque; mais Bedou lui répondit : Tu es trop dégréé, ton vaisseau marche trop mal, et tu t'engagerois sans pouvoir me tirer d'ici. Bidou avoit raison; Montcousu n'avoit consulté que son zèle. Demandez encore au capitaine de la frégate *la Virginie*, s'il n'a pas pensé qu'il vous fût très-possible d'aller prendre *le Tigre* à la remorque. Il a dit devant vous, que lorsque le Général fit au *Zélé* le signal d'aller prendre *le Tigre* en remorque, il étoit, lui, au vent et en arrière de l'armée. Qu'après une très-longue réflexion, il se permit de laisser arriver, et que s'étant placé à trois encablures environ, en avant de ce vaisseau, il mit en panne dans cette position. Mais que peu d'instans après, un vaisseau à trois ponts ayant manœuvré pour couper *le Tigre* en avant, il fut forcé d'éventer pour soustraire sa frégate au danger qui la menaçoit. La modestie de ce capitaine ne lui a pas permis de dire au juri le motif de sa manœuvre; mais la justice me commande d'en instruire le public. Bergeret voyant que *le Zélé* n'alloit

---

(1) C'est alors que faisant usage de la marche supérieure du *Zélé*, je mis mes basses voiles dehors pour me tirer hors des trois vaisseaux à trois ponts et rallier l'armée.

| Acte d'accusation. | Réponse. | Réplique. |

point au *Tigre*, résolut, après une très longue réflexion, comme il le déclare lui-même, de faire, avec sa frégate, ce qu'un vaisseau de soixante-quatorze n'osoit entreprendre; en conséquence, il fit embarquer du monde dans son canot, avec un aspirant chargé de l'exécution de ses ordres, et se porta en avant du *Tigre* pour lui envoyer la remorque qu'il avoit préparée ; mais voyant qu'aucun vaisseau ne le soutenoit, que le *Zélé* même, qui avoit reçu un ordre spécial, ne se présentoit pas, et qu'un vaisseau ennemi alloit doubler le *Tigre*, il fut contraint de renoncer au généreux dessein qu'il avoit conçu de retirer ce vaisseau du feu.

Que résulte-t-il de ce fait, à l'appui duquel j'invoque le témoignage de Bergeret et de ses officiers? Que s'il eût pu soupçonner que le capitaine Magnac n'eût pas obéi à l'ordre du Général, il ne se fût pas livré à *une trop longue réflexion* avant de manœuvrer, pour effectuer le projet qu'il conçut d'aller remorquer *le Tigre* ; qu'il y eût probablement réussi; et qu'enfin si la présence d'un vaisseau à trois ponts l'a empêché d'accomplir ce dessein, au moment même qu'il touchoit au but, ce ne pouvoit être un obstacle pour un vaisseau de soixante-quatorze, qui devoit d'ailleurs, sur l'ordre du Général, avoir commencé le mouvement avant *la Virginie*, car la discipline militaire n'admet pas de *longues réflexions*, quand il s'agit d'exécuter un ordre ; et si Bergeret, qui n'en avoit reçu aucun, pouvoit se les permettre, elles étoient interdites au capitaine Magnac, qui en recevoit un direct.

Que dit encore le capitaine de *la Fidelle*, lorsqu'il parut aux débats ? Qu'il étoit possible au *Zélé* de donner la remorque au *Tigre*, et qu'il eût suffi qu'un de nos vaisseaux eût *amusé*, pendant cinq minutes, le vaisseau à trois

Acte d'accusation.	Réponse.	Réplique.
		ponts ennemi, pour faciliter cette opération même à une frégate. Or, c'est à huit heures un quart que le signal fut fait au *Zélé* de donner la remorque au *Tigre*. C'est à huit heures cinquante minutes que celui-ci fut coupé par l'Amiral anglais; conséquemment le *Zélé* a eu trente-cinq minutes pour obéir. Mais voici encore une preuve évidente que le *Tigre* n'a amené son pavillon que trois quarts-d'heure après le signal de remorque. C'est que ce signal est porté sur le journal même du *Zélé*, à huit heures cinq minutes; et que celui de faire mettre l'armée en panne y est porté à huit heures et demie. Or, il est évident, et tout le monde convient que le Général ne fit ce dernier signal que pour couvrir *le Tigre* et assurer la manœuvre du *Zélé*, qu'il supposoit toujours occupé de l'exécution de ses ordres, car il n'eut aucune connoissance du signal d'impossibilité; et j'atteste, à cet égard, le capitaine et tous les officiers de *la Proserpine*. Le rapprochement que je viens de faire de ces deux signaux du Général, prouve bien évidemment qu'à l'époque du dernier, *le Tigre* n'étoit pas coupé, et qu'il avoit encore moins amené son pavillon.
	Je ne reçus plus aucun signal de la part du général Villaret, pas même celui de mécontentement.	Cela est vrai, et je vous ai déja dit que le Général ne pensa pas que le signal de mécontentement fût une punition applicable aux fautes qu'il vous reproche.
	En effet, j'étois loin de le mériter, puisque, aussitôt son signal de remorquer *le Tigre*, je mis tout en œuvre pour l'exécuter, et que, si je ne parvins pas à mon but, on ne peut en attribuer la cause qu'aux circonstances seules, qu'à l'impossibilité qu'il y avoit dans l'exécution entière des ordres du Général.	Je crois bien que vous avez pensé que la manœuvre que vous fites étoit la meilleure; mais j'ai démontré que dans votre position et celle du *Tigre*, votre manœuvre rendoit impossible la réunion de ces deux vaisseaux.
	Tout mon crime est donc de n'avoir pas fait *l'impossible*, ou de n'avoir point *livré mon vaisseau*. Or, le bon-sens me dispensoit du premier cas; or, le devoir m'obligeoit au second; donc je ne suis pas plus coupable sur ce chef que sur tous les autres.	Je ne me servirai pas de cette expression, parce qu'il n'est ni dans mon cœur, ni dans mes principes de présumer le crime; mais si le juri, dans ses lumières et l'impartialité duquel j'ai

Acte d'accusation.	Réponse.	Réplique.
		la plus grande confiance, prononce que les ordres du Général vous ont mis dans la dure alternative, ou de livrer votre vaisseau, ou de ne pouvoir entreprendre que des manœuvres impossibles, j'avouerai franchement que je me suis trompé ; que jusqu'à ce jour j'ai été dans l'erreur : mais comme cette erreur est de bonne-foi, que je n'y ai été entraîné que par mon propre coup-d'œil, et, qu'en un mot, elle est le cri de ma conscience, il en résultera, pour moi, la conviction intime qu'après quinze ou dix-huit années d'études et de pratique dans la manœuvre des armées navales, je n'en suis pas moins un ignorant ; et qu'enfin il est de mon devoir de renoncer à un métier que je ne sais pas, et que l'on n'apprend plus à l'âge où je suis parvenu.

RÉSUMÉ.

Le voilà donc achevé, le tableau justificatif de ma conduite. Lecteurs impartiaux qui venez de me lire, prononcez maintenant; je ne vous demande ni grace, ni indulgence: jugez-moi sévérement; mais jugez de même mes accusateurs Ne vous laissez pas sur-tout éblouir par un brillant clinquant; ne voyez plus, dans le général Villaret, que mon dénonciateur, comme dans moi, un accusé; voilà le seul point de vue sous lequel vous devez nous envisager. Que notre conduite politique entre encore pour quelque chose dans votre décision. Je me plais à vous rappeller que, depuis dix-sept ans, je sers dans la marine, et que, dans tous les temps, j'y ai joui de l'estime publique, du titre de brave homme et de bon officier; qu'enfin, comme tous les honnêtes gens, j'ai été victime de la tyrannie des agens de Robespierre: je me plais à vous observer que dans ces momens de deuil universel, le général Villaret, au contraire, étoit de plus en plus dans les honneurs, étoit proclamé vice-amiral par son ami Jean-Bon-Saint-André. Je me plais à vous observer encore que dans toutes les sorties qu'a faites le général Villaret, il a désigné des victimes pour couvrir ses propres fautes. Combien de braves et bons officiers n'ont-ils pas été sacrifiés dans les affaires du vaisseau *le Révolutionnaire*, du combat du 13 prairial, an deuxième, et dans celle de la sortie d'hiver? Mais qu'ils se consolent, le temps de la justice est aussi arrivé pour eux.

Que le général Villaret ne croie pas, au surplus, que cette sortie contre lui soit

RÉSUMÉ.

Je ne répondrai point au résumé du citoyen Magnac, parce que cet écrit n'offrant au lecteur qu'une diatribe contre le général Villaret, n'a aucun rapport avec les événemens du 29 prairial et 5 messidor, et que je n'ai pris la plume que pour rétablir la vérité des faits qui seuls doivent éclairer l'opinion publique sur la cause de ces malheureux événemens. La justice me force cependant de déclarer, à propos de la qualification d'intrigant que le citoyen Magnac donne à son Chef, que depuis huit mois que je sers sous les ordres immédiats du général Villaret, sa correspondance m'ayant passé toute entière sous les yeux, j'y ai vu qu'il ne cessoit de revenir à la charge pour obtenir son remplacement au commandement de l'armée, et qu'il fondoit principalement les motifs de sa demande sur les malheurs qu'il avoit éprouvés, et sur la conviction qu'il avoit lui-même de l'insuffisance de ses talens pour les réparer. Quant à sa récrimination contre le citoyen Magnac, qui assure qu'il lui en veut depuis long-temps, il eût été fort à propos d'articuler quelques faits à cet égard. Quoi qu'il en soit, j'ai suffisamment prouvé le contraire dans ma replique; et certes le citoyen Magnac ne détruira pas les faits que son ingratitude m'a forcé de publier.

Je me résume, et je dis que j'ai prouvé que le Général en chef de l'escadre a fait, dans la chasse des 28 et 29 prairial, non-seulement tout ce qu'il étoit possible de faire pour atteindre et capturer la division anglaise, mais encore qu'il a, dans cette vue, fait le sacrifice de sa tête, en faisant pour couvrir mes fautes, ou l'effet de la récrimination ; à lui seul conviennent des moyens aussi dégoûtans. Je lui ai déja prouvé la première, en me justifiant de ses inculpations ; je lui apporterai vingt preuves de la seconde, vingt preuves qu'il m'en veut depuis long-temps. Qu'il sache que je me croirois déshonoré, si je n'avois d'autres moyens de défenses que ceux de l'accusation ; qu'il sache que si je lui ai dit d'aussi grandes vérités, c'est qu'il faut enfin qu'une bonne fois les masques tombent : trop long-temps la république a été dupe des intrigans ; trop souvent des réputations usurpées l'ont entraînée au bord du précipice : il est temps que le commandement de nos forces navales ne soit donné qu'à des citoyens invariables dans leurs principes ; qu'à des généraux d'un talent reconnu, et dans lesquels on puisse avoir cette confiance si nécessaire au succès, confiance dont est bien éloigné de jouir le général Villaret.

Lorient, le 12 thermidor, l'an troisième de la république française, une et indivisible.

Signé AVED-MAGNAC, capitaine du vaisseau *le Zélé*.

beaucoup plus que les circonstances et les instructions du gouvernement ne lui permettoient de faire.

Que dans la journée du 5 messidor, il n'a négligé aucun des moyens que fournit la science navale pour ranger son escadre dans le meilleur ordre possible ; pour présenter, dans sa retraite, l'ensemble le plus parfait, et paralyser ainsi la supériorité d'un ennemi qui chassoit sans ordre.

J'ai prouvé au juri, et à tous ceux qui m'ont entendu, que les signaux du Général en chef ont constamment prescrit une retraite en bon ordre, ainsi qu'il convenoit de la faire avec douze vaisseaux de ligne, et non la confusion et la déroute dont la marine a à rougir ce jour-là. Je ne dirai pas un mot de plus ; c'est au public à juger maintenant lequel, du citoyen Magnac ou du général Villaret, a fait son devoir.

Quoi qu'il en soit, cet écrit ne paroîtra qu'après le jugement ; et la malveillance même ne pourra me reprocher d'avoir entrepris d'influencer l'opinion des jurés.

E. BRUIX.

PIECES JUSTIFICATIVES.

N.º I.er

EXTRAIT *de l'état de situation de l'équipage du vaisseau* le Zélé, *commandé par le citoyen* Aved-Magnac, *capitaine de vaisseau.*

État à l'armement	711 hommes.
Il manquoit, lors de notre départ de Brest, en floréal dernier	30 hommes.
Suivant le certificat du chirurgien le citoyen Lebouchant, de Lorient, travaillant à l'hôpital, il y avoit de manque, à bord, à l'époque du 29 prairial, pour le combat, y compris 58 hommes mis à l'hôpital de Belle-isle, 6 morts pendant la traversée, et les malades, à bord	165
	195
Disponibles le 29 prairial, et sans aucunes maladies	516 hommes.

A bord du vaisseau *le Zélé*, le 8 thermidor, an troisième de la république.

Signé Lavoy, lieutenant en pied, et Vreniere, sous-chef-civil.

Pour copie conforme : Molini, major-général de la marine.

EXTRAIT *de l'état des hommes hors de combat dans celui du 29 prairial, an troisième, à bord du vaisseau* le Zélé.

Cinq hommes blessés.

A bord, le 8 thermidor, troisième année. Signé Lavoy, lieutenant en pied, et Vreniere, sous-chef-civil.

Pour copie conforme : Molini, major-général de la marine.

N.º II.

EXTRAIT du relevement de la position des vaisseaux français et ennemis, fait à bord de la frégate du Général, le 29 prairial, an troisième, à sept heures vingt minutes du soir, que le Général a fait le signal de ralliement.

VAISSEAUX FRANÇAIS.

Le vaisseau *le Peuple*, à l'E. S. E., distance de quatre lieues. Le vaisseau le plus éloigné, que l'on croit être *l'Alexandre*, au S. E. ¼ E., distance de cinq lieues. Le vaisseau *le Redoutable*, au S. ¼ S. O., distance de deux lieues. Le vaisseau rasé *le Brave*, au Sud, distance de deux lieues. Les frégates les plus au vent, au N. E. ¼ E. distance d'une lieue. La frégate la plus en avant, au Nord, distance de trois lieues.

VAISSEAUX ENNEMIS.

Le vaisseau amiral ennemi, au O. S. O.
Le vaisseau de tête . . . . O. ¼ S. O. } Distance d'une lieue.
Le vaisseau de queue . . . . S. O.

N.º III.

(Note 3.) *EXTRAIT du journal de la frégate* la Cocarde-nationale.

Le 29 prairial, à deux heures et demie du matin, j'eus connoissance d'un sloop qui traversoit l'armée; j'ordonnai à la frégate *la Driade* de le visiter; ce qu'elle exécuta sur-le-champ. A trois heures, cette frégate vint me rendre compte que ce bâtiment étoit un sloop danois, qui venoit de quitter la division anglaise que nous chassions, et par laquelle il étoit retenu depuis deux jours. Il s'est plaint d'en avoir été pillé, et avoit rendu compte que la division étoit composée d'un vaisseau à trois ponts, quatre vaisseaux de 74, un vaisseau rasé et une frégate; que les anglais lui avoient dit qu'ils ne nous craignoient pas, parce que leur grande armée étoit dehors, et qu'ils nous conduiroient dessus. J'ordonnai à la frégate *la Driade* d'aller faire ce rapport au Général. J'observerai, de plus, que j'avois distingué, la veille, ce sloop dans la division anglaise.

Le capitaine de vaisseau, commandant *la Cocarde*, QUERANGAL.

N.º IV.

(Note B.) Lorient, le 23 thermidor, an troisième.

Le citoyen LE GOUARDUN, ci-devant commandant le vaisseau le Jean-Bart; au vice-amiral Villaret-Joyeuse, commandant en chef l'armée de la République.

Général,

Vous me demandez ma position le 29 prairial dernier, lorsque vous fîtes le signal à l'armée de lever la chasse de la division anglaise, que nous poursuivions alors. M'en référant entièrement à mon journal déposé au juri militaire, chargé de prononcer sur les affaires du 29 prairial et 5 messidor de l'an 3, je vous en adresse l'extrait.

« A quatre heures et demie, le vaisseau *le Tigre* a fait signal d'avarie dans son grand mât de hune; et nous voyons très-
» bien que son grément et ses voiles sont fort endommagés: aussi ce vaisseau a-t-il culé beaucoup par cet accident. Le vaisseau
» *les Droits-de-l'homme* est resté seul à continuer de harceler l'ennemi; ce qu'il a fait jusqu'à près de six heures, que, se trouvant
» hors de portée et arriéré, il a cessé son feu. A cette époque j'avois accosté l'ennemi; je relevois les trois vaisseaux de queue,
» formant une ligne de front du ouest à ouest 5 deg. sud. Environ demi-lieue, deux d'entre eux avoient une marche supérieure,
» et régloient leur voilure sur le vaisseau de tête, dont l'occupation n'étoit autre que de fuir, n'ayant pas même sa batterie basse
» ouverte. Lorsqu'ils forçoient de voiles, il m'a semblé que leur vitesse étoit supérieure à la mienne. A six heures et un quart
» je joignis *le Zélé*, et je le hélai pour l'engager à forcer de voiles. (Il avoit alors le perroquet de fougue sur le mât, et point
» de grande voile). Il me répondit qu'il avoit donné seul le matin, et s'en étoit mal trouvé; que je n'avois qu'à le doubler, qu'il
» me suivroit. Je répliquai que mon intention étoit de suivre directement ma route; mais que, marchant mieux, en se joignant
» au *Formidable* qui étoit de l'avant, et gagnant ensemble la tête de l'ennemi, soutenus par les vaisseaux *les Droits-de-l'homme*
» qui rapiquait dans le vent pour nous rallier, *le Mucius*, *le Fougueux* et *le Watigny*, qui restoient à-peu-près trois quarts de
» lieue de l'arrière, il nous seroit possible de faire une attaque combinée, qui nous seroit avantageuse. Il m'objecta qu'il avoit
» beaucoup de monde hors de combat. (Je ne me rappelle pas la quantité qu'il désigna). Sur quoi je lui dis de le signaler au
» Général. Après ce colloque, il fit route en arrivant, et se plaça à-peu-près trois encablures sur l'avant du *Jean-Bart*. A sept
» heures, les vents varièrent du N. E. ¼ E. au N. N. E, les anglais tinrent le vent, se formant en ligne de bataille. Un vaisseau,
» qui me parut de 80, et qui étoit au centre, prit la tête; le vaisseau à trois ponts, qui étoit à l'rrière-garde, vint le rem-
» placer. La variété du vent et cette manœuvre me placèrent le travers du vaisseau de queue ennemi. Je fis route alors, laissant
» porter un quart pour les approcher, sans perdre en arrière. A cette heure, voici ma position. Le vaisseau de tête ennemi,
» au S. O. 3 deg. O. ; celui de queue, au S. O. ¼ S. ; *le Zélé*, de l'avant à moi, par le bossoir de babord, deux cables; *le*
» *Formidable*, par le bossoir de stribord, à-peu-près même distance; *les Droits-de-l'homme*, dans les eaux du serre-file ennemi,
» hors de portée; *le Tigre*, arriéré à-peu-près dans ses eaux; *le Mucius*, *le Fougueux*, *le Watigny*, trois quarts à une lieue derrière
» moi. Je voyois le bois du *Nestor*, les huniers du *Redoutable*; on ne découvroit plus les vaisseaux *le Peuple* et *l'Alexandre*, que
» de la tête des mâts. A sept heures et demie, le signal de ralliement général et absolu fut fait, et successivement celui de virer
» de la manière qui conviendroit le mieux: *le Zélé* et *le Formidable* y obéirent de suite. Je crus devoir signaler que nous avions
» l'espoir de joindre; mais, à huit heures et demie, voyant toute l'armée dans l'autre bord, je donnai vent devant et levai la
» chasse. »

Je crois, Général, que le rapport ci-dessus, calqué sur mon journal et l'expression pure et simple de la vérité, remplira votre demande. Comme c'est ma conscience qui l'a dicté, vous pouvez lui donner la publicité que vous jugerez à propos.

J'ai l'honneur d'être bien sincèrement,

Général,

Votre concitoyen le ci-devant capitaine du *Jean-Bart*, LE GOUARDUN.

PIECES JUSTIFICATIVES.

N.° I.er

Procès-verbal des avaries du combat du 29 prairial.

CE JOURD'HUI 29 prairial, l'an troisième de la république française, une et indivisible, nous, maître d'équipage, maître voilier, officiers chargés du détail, et autres soussignés, nous étant transportés dans les différentes parties du vaisseau, après le combat dudit jour, nous avons reconnu les avaries ci-dessous;

SAVOIR:

Articles du maître charpentier.

Deux boulets dans la précinte, par le travers du grand mât.—Deux chaînes d'haubans d'artimon, coupées.—Un boulet dans le seuillet du sabord de la batterie basse.—Un idem, dans l'accastillage de la deuxième batterie, qui a traversé.—Un idem, dans la lisse de plat-bord à babord, ayant beaucoup ébranlé cette partie.—Un idem, dans la grande hune, qui l'a un peu endommagée.—Un idem, sur la dunette, qui a coupé un montant de pierrier, et la lisse sur laquelle il étoit.—Un idem, sur le gaillard d'avant, ayant emporté le côté du sabord.—Un idem, qui a emporté le derrière du canot major.—Un idem, dans la deuxième lisse du gaillard, et la seconde fenêtre de la chambre du conseil.

Articles du maître voilier.

Deux boulets dans le petit foc.—La voile d'étai, criblée.—Trois boulets dans la grande voile.—Trois idem, dans la misaine.—Quatre idem, dans le petit hunier. Trois idem, dans le grand hunier. — Quantité de coups dans le grand perroquet. — Même quantité dans le petit. — Idem, à la perruche. — Trois boulets dans le perroquet de fougue. — Plusieurs idem, dans la brigantine.

Articles du maître d'équipage.

Amures et écoutes de grandes voiles, coupées. — Deux cargues-points de grandes voiles, idem. — La draille du grand mât d'hune, idem. — La drisse de la grande voile d'étai d'hune, idem. — Écoute et pentoire de la même, idem. Le faux étai de misaine, idem. — La ride de misaine, entièrement coupée. Drisses de vergues de misaine, idem. — Suspentes de vergues de misaine, idem. Deux itagues de petit hunier, idem. — Drisse et draille de grand foc, idem.

Drisses et écoute de clain-foc, idem. — Drisse et écoute de petit foc, idem. Deux haubans de bout-dehors, idem. — Grande sauve-garde du gouvernail, idem. Un garant de caliorne, et un idem de berdindin, idem. — Deux poulies de caliornes, idem. — Deux cal-haubans du grand perroquet, idem. — Deux idem du petit, idem.

Fait à bord du *Zélé*, les jour, mois et an que dessus. *Signé* PIERRE EVEN, maître charpentier; GIGOU, maître voilier; LAURENT LAMI, maître d'équipage; RAIMOND COCAULT, lieutenant; LAVOY, lieutenant en pied; et AVED-MAGNAC, capitaine-commandant.

N.º II.

Le Vaisseau le Zélé.

État des hommes hors d'état de combattre dans l'affaire du 29 prairial;

SAVOIR:

Débarqué à Belle-isle, le 25 prairial, les plus malades, pour l'hôpital de Paimbœuf...	58 hommes.
Morts pendant la campagne................................	6
Blessés pendant le combat.................................	4
Malades au poste, hors d'état de servir que dans les soutes et calles..	52
Scorbutiques au premier et deuxième degrés, se traînant à-peine...	45
TOTAL.............................	165 hommes.

Je soussigné, officier de santé, faisant le service en chef, à bord dudit vaisseau, certifie le présent extrait véritable. Le 30 prairial, l'an troisième de la république. *Signé* BOUCHANT, officier de santé.

NOTA. Il manquoit trente hommes au complet de l'équipage, qui, étant ajoutés aux cent soixante-cinq ci-dessus, font les cent quatre-vingt-quinze hommes mentionnés au mémoire justificatif.

N.º III.

Extrait du rôle de combat du 29 prairial, contenant l'effectif des hommes en état de combattre et de manœuvrer;

SAVOIR:

Gaillard d'arrière.	54 hommes.
Dunette.	25
Gaillard d'avant.	35
Batterie de trente-six.	164
Batterie de dix-huit.	113
TOTAL.	395 hommes.

N.º IV.

LIBERTÉ, ÉGALITÉ.

JEAN-GASPARD VENCE, *Contre-amiral, commandant une division de l'armée navale de la république.*

JE certifie que le citoyen Magnac, commandant le vaisseau *le Zélé*, faisant partie de ma division, s'est comporté avec toute l'intelligence d'un bon officier, et a rempli, avec exactitude, tous les ordres que je lui ai donnés, et que j'ai été fort satisfait, tout le temps qu'il a été sous mes ordres, jusqu'à la jonction de l'armée commandée par le vice-amiral Villaret.

A bord du *Nestor*, le 15 messidor, l'an troisième de la république française, une et indivisible. *Signé* VENCE.

N.º V.

Du 29 prairial.

Consommation faite dans le combat, pour les coups de canon tirés sur l'ennemi, y compris ceux de Belle-Isle;

SAVOIR:

Tiré de la batterie basse . . . . . . 103 coups.
Idem de la batterie de dix-huit . . 200
Idem des gaillards 50

TOTAL . . . . 353 coups.

Signé ODOIRE, maître canonnier.

Nota. La consommation faite à Belle-Isle a été de quinze à vingt coups de canon.

N.º VI.

Montant des coups de canon qui ont été tirés à bord du vaisseau *le Zélé*, dans le combat du 5 messidor;

SAVOIR:

Canon de trente-six . . . . 80 coups.
Idem de dix-huit 220
Idem de huit 70

TOTAL . . . 370 coups.

A bord du vaisseau *le Zélé*, le 7 messidor, l'an troisième de la république française. *Signé* ODOIRE, maître canonnier.

N.º VII.

Procès-verbal des avaries du combat du 5 messidor, troisième année, etc.

Aujourd'hui, 5 messidor, l'an troisième de la république, une et indivisible, nous, maître d'équipage, maître voilier, maître charpentier, officiers chargés du détail, et autres soussignés, nous étant transportés dans les différentes parties du vaisseau, après le combat dudit jour, avons reconnu les avaries ci-dessous ;

SAVOIR:

Articles du maître charpentier.

Un boulet dans le pilastre du jardin, qui est entré dans le bord.
Un *idem*, qui a passé par le branle-bas, ensuite entre la jumelle et le grand mât d'hune de rechange, coupé trois bordages du gaillard d'arrière, passé dans la deuxième batterie, et emporté la rablure du sabord, par le travers du grand mât.
Un *idem* dans la voûte, et plusieurs amortis le long du bord.

Articles du maître voilier.

Huit boulets dans la grande voile.
Onze *idem* dans le grand hunier.
Sept *idem* dans le petit hunier, et la ralingue de côté coupée.
Cinq boulets dans la misaine, dont la ralingue de l'envergure a été coupée.
Le foc d'artimon, criblé.
Le point de l'écoute du petit foc, coupé.
La ralingue du fond du grand perroquet, coupée, et trois coups de canon dedans.
Cinq boulets dans le petit perroquet.
Cinq *idem* dans la fausse voile d'étai, ayant aussi sa ralingue de chûte coupée.

Articles du maître d'équipage.

Un grand hauban, coupé net.
Deux iragues de grand hunier, *idem*.
Deux bras de misaine et plusieurs manœuvres courantes.

Fait à bord du *Zélé*, les jour, mois et an que dessus. *Signé* PIERRE ÉVEN, maître charpentier ; GIGOU, maître voilier ; LAURENT LAMI, maître d'équipage ; RAIMOND COCAULT, lieutenant ; LAVOY, lieutenant en pied ; et AVED-MAGNAC, capitaine-commandant.

A LORIENT,

Ce 5 fructidor, troisième année républicaine,

DE L'IMPRIMERIE DE VEUVE BAUDOIN.

www.ingramcontent.com/pod-product-compliance
Lightning Source LLC
Chambersburg PA
CBHW061004050426
42453CB00009B/1252